Martina Gattermann

SOS aus Wien

„Labyrinth"

Die Bücher der Serie unterscheiden sich von anderen Lesebüchern für freies Lesen durch ihren Aufbau: Der Leser entscheidet selbst den Handlungsablauf. Am Ende der kurzen Kapitel gibt es jeweils zwei Möglichkeiten für den weiteren Verlauf der Geschichte. Der Leser entscheidet selbst, welcher Spur er folgen möchte. Das heißt auch, dass ein Buch mehrere Geschichten beinhaltet, abhängig davon, welchen Handlungsabläufen man als Leser folgt.

Am Ende jedes Kapitel ist dieses Symbol

⌐⌐

das signalisiert, dass der Leser entscheiden muss, welchem Weg er folgen wird.

Martina Gattermann

SOS aus Wien

Illustrationen von
Palle Schmidt

Martina Gattermann
SOS aus Wien

ILLUSTRATIONEN
Palle Schmidt

GRAFIKER
Finn Petersen / art being

VERLAGSREDAKTION
Flemming Nygaard

Copyright: © 2009 EASY READERS, Kopenhagen
– a subsidiary of Lindhardt og Ringhof Forlag A/S,
an Egmont company

ISBN Dänemark: 978-87-23-90700-4

Easy Readers | EGMONT

www.easyreader.dk

Gedruckt in Dänemark von
Sangill Grafisk Produktion, Holme Olstrup

Einleitung

Martin ist 15 Jahre alt und wohnt in Ulm in Deutschland.
Seine Freundin kommt aus Österreich und heißt Resi.
Eigentlich heißt sie Theresa, aber alle sagen Resi. Martin
und Resi haben sich im Internet kennengelernt, und jetzt
besucht er sie zum ersten Mal. Er wohnt ein paar Tage bei
ihren Eltern in Perchtoldsdorf. Das ist eine Vorstadt von
Wien, der Hauptstadt von Österreich.
Jetzt sitzt die Familie am Frühstückstisch.
„Na", sagt Resis Mutter, „was wollt ihr heute machen?"
„Ich möchte gern etwas von der Stadt sehen", sagt Martin.
„Wir könnten einen Stadtbummel machen", schlägt Resi
vor, „in der Kärntnerstraße und in der Mariahilferstraße
gibt es viele schöne Geschäfte."
„Ja, das wäre vielleicht eine Idee", sagt Martin.
„Und nachher könnte ich dir einige Sehenswürdigkeiten
zeigen. Den Stephansdom oder das Schloss Schönbrunn."
„Hm", sagt Martin.
„Oder ihr könnt mit mir zur Arbeit fahren", sagt die
Mutter, „das wäre bestimmt für Martin interessant."
Resis Mutter arbeitet in der UNO-City. Das ist ein
großes Gebäude, das der UNO gehört. Dort arbeiten über

---

einen Stadtbummel machen in der Stadt herumgehen
Geschäfte da, wo man etwas kaufen kann
Sehenswürdigkeiten etwas, das die Touristen gerne sehen
Gebäude Haus
UNO Die Vereinten Nationen (United Nations)

4000 Menschen aus der ganzen Welt. Resis Mutter ist Dolmetscherin.

„Hm", sagt Martin, „ich weiß nicht."

„Du musst dich entscheiden", sagt die Mutter, „ich fahre in zehn Minuten."

Mariahilferstraße

Schloss Schönbrunn

Dolmetscherin eine Frau, die übersetzt

a) Martin und Resi machen einen Stadtbummel – Seite 8
b) Martin und Resi fahren zur UNO-City – Seite 9

Stephans-
dom

© Pixelio / Gert Schmidinger

UNO-
City

© Österreich Werbung / Diejun

Sie machen einen Stadtbummel

Sie fahren erst mit dem Bus und dann mit der S-Bahn bis zum Westbahnhof. Da steigen sie aus.
„Jetzt gehen wir in die Mariahilferstraße", sagt Resi.
In der Mariahilferstraße gibt es viele schöne Geschäfte,
5 aber alles ist sehr, sehr teuer.
„So viel Geld habe ich nicht", sagt Martin.
„Dann gehen wir zum Gerngross", sagt Resi, „das ist ein großes Kaufhaus. Die haben einfach alles, und es ist nicht so teuer."
10 Resi hat recht. Bei Gerngross gibt es wirklich viele preiswerte Sachen zu kaufen. Martin kauft sich ein T-Shirt mit einem Totenkopf. Das sieht cool aus, findet er. Resi probiert sehr viele Kleidungsstücke an, aber kauft zum Schluss nur einen roten Gürtel. Bei Saturn – das ist ein Multime-
15 dia-Geschäft im vierten Stock – kauft Martin auch noch eine CD mit einer österreichischen Hiphop-Gruppe.
„Jetzt bin ich aber müde", sagt Resi.
„Und ich habe Hunger", sagt Martin.
Eine halbe Stunde später sitzen sie auf einer Bank und
20 essen eine Semmel mit heißem Leberkäs.
„Was machen wir heute Nachmittag?", fragt Resi.
„Ich möchte etwas Interessantes sehen", antwortet Martin.

---

preiswert billig
Totenkopf →
Gürtel → →
Leberkäs eine Art Wurst

„Dann gehen wir entweder in den Stephansdom", sagt Resi, „oder wir fahren nach Schönbrunn."
„Der Stephansdom ist eine große Kirche, das weiß ich", sagt Martin, „aber Schönbrunn?"
„Das ist das Schloss, in dem die österreichischen Kaiser und Kaiserinnen gewohnt haben. Es ist sehr schön."
„Und was gibt es im Stephansdom zu sehen?"
„Oh, zum Beispiel die Katakomben. Da wurden in alten Zeiten die Toten begraben. Man kann heute noch ihre Gebeine sehen."

a) Resi und Martin gehen in den Stephansdom – Seite 12
b) Resi und Martin fahren nach Schönbrunn – Seite 14

Sie fahren in die UNO-City

Die Mutter parkt das Auto auf dem riesigen Parkplatz. Dann gehen alle drei zum Haupteingang.
„So", sagt die Mutter, „ich gehe jetzt. Ihr müsst hier warten, bis die nächste Führung ist."
Resi und Martin sehen sich in der Vorhalle um. Es gibt ein Café und einen Laden, wo man Souvenirs kaufen kann, aber dazu ist keine Zeit. Die Führung beginnt in zehn Minuten. In der Vorhalle haben sich schon viele Touristen versammelt. Sie kommen aus aller Welt. Martin hört Englisch, Französisch, Italienisch und mehrere Sprachen, die er nicht kennt. Ein paar Minuten später kommt die Fremden-

---
Gebeine Skelette
riesig sehr groß

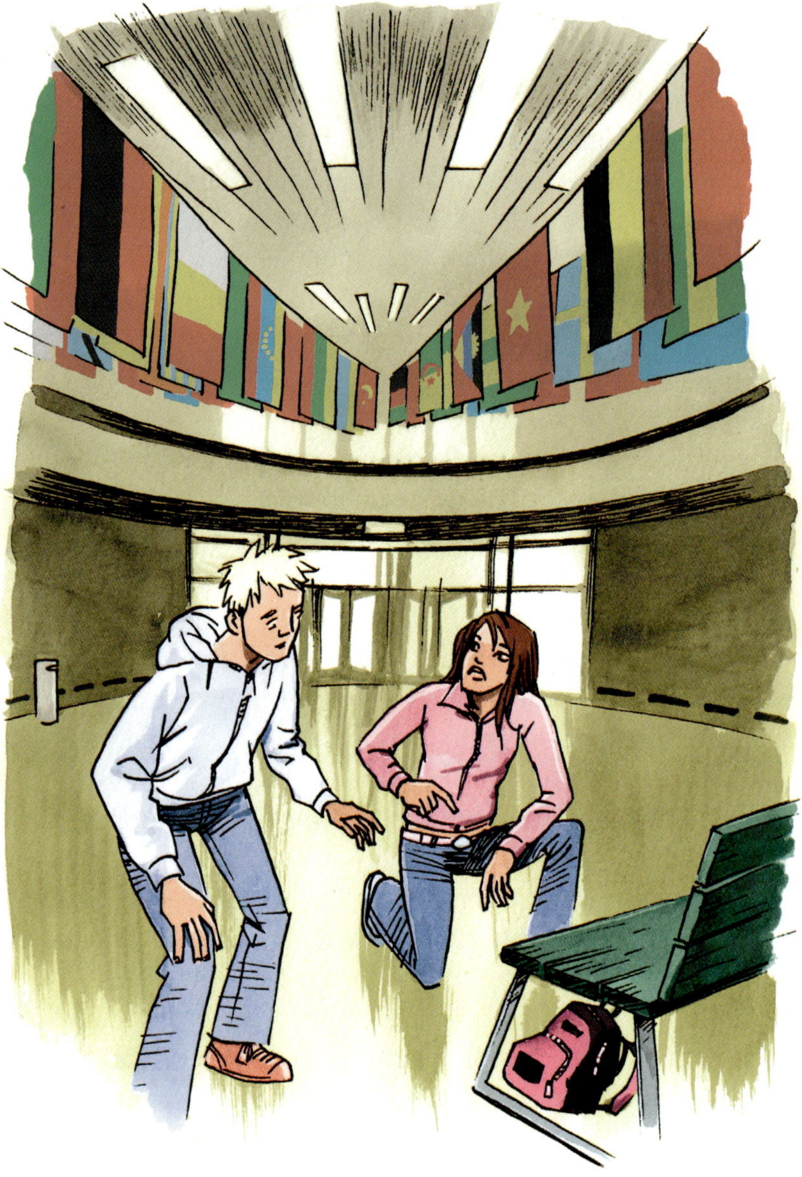

führerin. Sie begrüßt ihre Gäste in fünf Sprachen, und die Führung kann anfangen.

Zuerst werden alle wie im Flughafen kontrolliert. Martin und Resi müssen ihre Rucksäcke abgeben, denn man darf keine Taschen in das Gebäude mitnehmen.

„Sie haben bestimmt Angst vor Terroristen", flüstert Martin.

Die Fremdenführerin erzählt über die UNO-City:

„192 Länder sind Mitglieder der UNO", sagt sie, „und hier im Haus arbeiten Leute aus all diesen Ländern. Zur Zeit findet hier ein großer Kongress statt. Es geht um die friedliche Nutzung der Atomenergie."

„Ich finde Atomenergie nicht gut", flüstert Resi.

Dann führt die Fremdenführerin die Gruppe in einen großen runden Saal. Da hängen sehr viele Fahnen.

„Wir sind jetzt in der Rotunde", sagt sie, „hier sehen Sie die Fahnen der 192 Länder."

Martin und Resi bleiben stehen und versuchen herauszufinden, wie viele Fahnen sie kennen. Martin hat 14 erkannt. Resi ist schon bei 21. Da bemerkt Martin auf einmal, dass sie allein im Saal sind. Die anderen sind schon weitergegangen.

„Komm schnell", sagt er, aber Resi bleibt stehen.

„Was ist?", fragt Martin.

„Guck da unter der Bank", sagt Resi, „da liegt ein Rucksack."

Martin guckt nach. Unter der Bank liegt wirklich ein Rucksack. Er ist nicht sehr groß, und er ist pink und schwarz.

„Aber man darf doch gar keine Rucksäcke mitnehmen",

Fremdenführerin eine Frau, die Touristen herumführt

sagt Martin. „Vielleicht ist es eine Bombe", flüstert Resi, „was machen wir?"
„Wir müssen Bescheid sagen", sagt Martin, „wir gehen zurück zum Eingang und sagen es den Sicherheitsleuten ."
5 „Und die Bombe?"
„Wir wissen ja gar nicht, ob es eine Bombe ist."
„Aber sollen wir sie hier liegen lassen, oder sollen wir sie mitnehmen?"
„Ich rühre sie nicht an."
10 „Vielleicht ist sie weg, wenn wir wiederkommen", sagt Resi.

a) Martin und Resi nehmen den Rucksack mit – Seite 16
b) Martin und Resi lassen den Rucksack liegen – Seite 17

Sie gehen in den Stephansdom

Resi und Martin fahren zum Stephansplatz. Martin hat die Kirche auf Bildern gesehen, aber in Wirklichkeit ist sie viel größer, als er sich vorgestellt hat.
25 „Komm, gehen wir hinein", sagt Resi.
In dem großen Kirchenraum ist es halbdunkel, und die Leute bewegen sich langsam und sprechen leise. Resi geht in die Knie und bekreuzigt sich.

sie bekreuzigt sich

Sicherheitsleute   eine Art Polizisten, die auf die UNO-City aufpassen

Dann gehen sie langsam durch die Kirche und sehen sich alles an. Martin findet die Glasmalereien im Chor am schönsten. In einer Ecke sehen sie eine Tür, und an der Tür ist ein Schild:

Zu den Katakomben. Nächste Führung 15 Uhr 30

„Das ist in zehn Minuten", sagt Resi, „die Tickets kriegen wir am Eingang. Komm."
Zehn Minuten später hat sich eine kleine Gruppe an der Tür versammelt. Der Fremdenführer kommt und schließt die Tür auf. Er führt die Gruppe eine Treppe hinunter. Sie kommen in einen großen Raum, der aussieht wie eine Kirche mit hohen Gewölben. Da stehen viele viele Särge

Gewölbe   *Särge*

aus Kupfer und Bronze. Der Fremdenführer erzählt, dass hier die Bischöfe und Kardinäle von Wien begraben sind. Martin findet das ein bisschen langweilig.
„Immer mit de Ruhe", flüstert Resi, „es wird bald interessanter."
Dann gehen sie durch noch eine Tür und kommen in einen dunklen Gang. Hier sind keine Gewölbe, nur graue

---

Fremdenführer ein Mann, der Touristen herumführt

Steinmauern. Es ist kalt, und die Luft ist modrig. In den Mauern sind Öffnungen, vor den Öffnungen sind Gitter, und hinter den Gittern liegen viele Menschenknochen. In einer Grotte liegen Hunderte von Skeletten in einem großen Haufen. Der Fremdenführer erzählt, dass während der Pest im Jahr 1679 Tausende von Menschen hier begraben wurden.

„Faszinierend", flüstert Martin, aber Resi antwortet nicht.

Martin sieht sich um. Er kann sie nicht sehen. Er sucht sie in der Touristengruppe, aber Resi ist nicht da. Sie ist einfach verschwunden.

a) *Martin sagt dem Fremdenführer, dass Resi weg ist – Seite 19*
b) *Martin sucht selbst nach Resi – Seite 20*

Sie fahren nach Schönbrunn

Resi und Martin sitzen in der U-Bahn. Sie sind auf dem Weg nach Schönbrunn – glauben sie. Aber plötzlich sagt Resi:

„Wir sind hier falsch. Dieser Zug fährt nicht nach Schönbrunn."

„Aber du hast doch gesagt ..."

„Ich habe mich geirrt", sagt Resi, „ich fahre nicht so oft

---

modrig nicht gut
Haufen kleiner Berg

mit der U-Bahn. Hier auf dem Plan kannst du es sehen. Die U4 fährt nach Schönbrunn."

„Und wo sind wir?"

„In der U1."

„Scheiße. Was machen wir jetzt?"

„Wir können aussteigen und zurückfahren. Dann können wir die U4 nach Schönbrunn nehmen."

„Aber das dauert doch eine Ewigkeit", sagt Martin, „wo fährt denn dieser Zug hin? Vielleicht gibt es dort etwas Interessantes."

Resi studiert den Plan.

„Ja, tatsächlich", sagt sie, „die U1 fährt zum Praterstern. Dann können wir in den Prater gehen."

„Der Prater, das ist doch dieser große Vergnügungspark, nicht wahr?", fragt Martin.

„Genau", sagt Resi, „da kann man echt Spaß haben."

„Und auch eine Menge Geld ausgeben", sagt Martin, „also, ich weiß nicht."

a) Martin und Resi fahren zum Prater
  – Seite 24
b) Martin und Resi fahren zurück nach Schönbrunn
  – Seite 26

Der Prater

Sie nehmen den Rucksack mit

Martin und Resi laufen schnell zurück zum Eingang. Resi trägt den Rucksack. Aber plötzlich ruft jemand: „Halt!" Resi und Martin bleiben stehen und drehen sich um. Es ist die Fremdenführerin. Sie kommt schnell herbei und ist ganz rot im Gesicht.

„Gib mir den Rucksack, bitte", sagt sie zu Resi.

„Nein, wir bringen ihn zu den Sicherheitsleuten am Eingang", sagt Resi, „vielleicht ist es eine Bombe."

„Nein, das ist keine Bombe", sagt die Frau, „das ist mein Rucksack."

„Aber wir haben ihn unter einer Bank gefunden. In dem großen Saal, wo ..."

„Ja, in der Rotunde. Da habe ich ihn einen Moment hingestellt. Gib mir jetzt meinen Rucksack, bitte!"

Die Frau ist ganz unglücklich. Resi will ihr den Rucksack geben, aber Martin sagt:

„Einen Moment. Man darf keine Taschen in das Gebäude mitnehmen. Man darf sie auch nicht einfach unter eine Bank stellen. Hier stimmt etwas nicht."

„Das weiß ich doch", sagt die Frau, „und das ist ja das Problem. Wenn mein Chef das hört, habe ich keinen Job mehr. Bitte, gebt mir meinen Rucksack!"

Aber Resi hält den Rucksack fest. Sie weiß nicht, was sie machen soll. Sie sieht sich um, aber es ist niemand da, der helfen kann. Die Frau sagt:

„Bitte. Das ist keine Bombe, das ist ein ganz normaler Rucksack. Da sind nur meine Sachen drin, Broschüren für die Touristen und ... und eine Flasche Wasser und ein Sandwich. Ihr könnt nachsehen, wenn ihr wollt."

Resi guckt Martin an. Dann öffnet sie vorsichtig den Rucksack. Und ganz richtig. Da liegen ungefähr 20 farbige Broschüren, eine Flasche Mineralwasser und ein Sandwich in Plastikfolie verpackt.
„Was machen wir?", fragt sie Martin.

a) *Resi gibt der Frau den Rucksack – Seite 28*
b) *Resi gibt den Rucksack nicht her – Seite 29*

Sie lassen den Rucksack liegen

Resi und Martin laufen zum Eingang. Da stehen die zwei Sicherheitsleute, die sie vorhin kontrolliert haben.
„Was ist denn los?", fragt der eine.
„Wir haben einen Rucksack gesehen", sagt Martin, „er steht unter einer Bank in dem großen Saal, wo …"
„In der Rotunde", sagt Resi, „vielleicht ist es eine Bombe."
„Jetzt mal ganz ruhig", sagt der Mann, „könnt ihr uns zeigen, wo der Rucksack steht?"
„Ja, kommen Sie mit", sagt Resi.
Sie gehen in die Rotunde. Resi zeigt unter die Bank und sagt:
„Da!"
Aber unter der Bank steht kein Rucksack. Er ist weg.
„Der Rucksack war doch hier", sagt Martin, „wir haben ihn gesehen."
„Ja, wir haben ihn wirklich gesehen", sagt Resi, „er war pink und schwarz und nicht sehr groß."

Der Mann sieht, dass sie beide Angst haben. Er wendet sich an seinen Kollegen.

„Wir dürfen kein Risiko eingehen", sagt er, „das ganze Gebäude muss evakuiert werden."

Jetzt geht alles sehr schnell. Die zwei Sicherheitsleute laufen zurück zum Eingang und telefonieren. Resi und Martin laufen auch zum Eingang und warten. Ein paar Minuten später hören sie den Alarm durch die Lautsprecher-Anlage. Alle werden gebeten, auf den Parkplatz zu gehen. Das wird in fünf Sprachen wiederholt.

Auf dem Parkplatz haben sich schon viele Leute versammelt, und es kommen immer mehr. Sie sind alle nervös, aber es herrscht keine Panik. Resi und Martin sind mit einem der Sicherheitsleute zusammen. Er hat ihre Namen und Resis Adresse aufgeschrieben.

„Ihr bleibt jetzt hier", sagt er, „dann versuche ich, deine Mutter zu finden, Resi."

Resi und Martin warten. Plötzlich sagt Martin:

„Da geht unsere Fremdenführerin. Und sie hat den pink-schwarzen Rucksack auf dem Rücken. Komm!"

Lies auf der Seite 31 weiter

Martin sagt dem Fremdenführer, dass Resi weg ist

Der Fremdenführer wird ein bisschen böse.
„Alle müssen mit mir gehen", sagt er, „keiner darf hier auf eigene Faust herumlaufen. Aber sie kann ja nicht verschwinden. Wie heißt sie denn?"
„Resi", sagt Martin, und dann ruft er:
„Resi!!!"
„Ruhe!", sagt der Fremdenführer.
Aber es dauert nicht lange, da kommt Resi um die Ecke. Sie ist ganz rot im Gesicht.
„Entschuldigung", sagt sie, „ich habe nur da hinten etwas Interessantes bemerkt."
„Na, dann können wir wohl hier weitermachen", sagt der Fremdenführer.
Die Führung ist bald zu Ende. Alle gehen den selben Weg zurück. Als sie wieder in dem Raum sind, wo die Bischöfe und Kardinäle begraben sind, zieht Resi Martin zur Seite.
„Du, ich habe da drinnen etwas gehört", sagt sie, „hinter einem von den Gittern."
„Was?", fragt Martin, „was hast du gehört?"
„Eine Stimme. Wie die Stimme von einem Kind. Ich weiß nicht, ob das nur meine Fantasie war, oder ..."
„Das war bestimmt nur deine Fantasie", sagt Martin.

---

auf eigene Faust allein

„Ich möchte aber zurückgehen. Ich möchte sehen, ob da jemand war."
„Nein, wir müssen mit der Gruppe gehen. Die gehen jetzt nach oben, die Führung ist zu Ende."

a) Resi und Martin gehen mit der Gruppe – Seite 33
b) Resi und Martin bleiben in den Katakomben – Seite 34

Martin sucht selbst nach Resi

Martin geht zurück durch den Gang. Jetzt kann er den Fremdenführer nicht mehr hören. Aber er sieht Resi. Sie steht an einem Gitter. Da muss etwas sehr Interessantes hinter dem Gitter sein. Martin stellt sich neben sie. Hinter dem Gitter liegen viele Knochen. Die hat er schon einmal gesehen.

„Was gibt es denn hier zu sehen?", fragt er.

„Es gibt nichts zu sehen", flüstert Resi, „es gibt was zu hören. Sei mal still."

Martin lauscht. Er hört tatsächlich etwas. Es klingt wie eine Kinderstimme. Das Kind weint. Und jetzt hört er auch Worte, ganz leise:

„Ich bin hier. Hilf mir. Hilf mir."

Martin und Resi sehen sich an. Beide zittern vor Angst und Kälte. Martin fasst das Gitter an.

Knochen Gebeine, Skelette
lauscht hört gut zu
tatsächlich wirklich
weint →

„Das kannst du nicht öffnen", sagt Resi.
„Doch", sagt Martin, „ich kann es bewegen."
Langsam öffnet er das Gitter. Dann klettert er durch die Öffnung. Resi folgt ihm. Jetzt stehen sie mitten zwischen den Knochen. Die Stimme hören sie nicht mehr.
„Hallo!", ruft Resi, „wir sind hier. Wir wollen dir helfen. Wo bist du?"
Dann hören sie die Stimme wieder, ganz deutlich:
„Ich heiße Katharina Steinhöfel. Ich war sehr dumm. Ich bin mit einem Mann gegangen. Der Mann hat mich hier begraben."
„Begraben? Wie meinst du das?", fragt Resi.
„Er hat mich erwürgt", antwortet die Stimme, „und dann hat er mich hier begraben. Man hat mich nie gefunden. Meine Mutter weiß nicht, wo ich bin, meine Schwester auch nicht. Liebe Freunde, sagt meiner Familie, dass ich hier bin."
Dann verschwindet die Stimme.
„War das ... ein Gespenst?", fragt Resi.
„Ich weiß nicht", sagt Martin und sucht unter den Knochen.
„Du wirst nichts finden", sagt Resi, „die Knochen hier sind alle über 300 Jahre alt. Katharinas Familie lebt nicht mehr."
„Diese Sachen sind aber nicht so alt", sagt Martin plötzlich.

erwürgt

Gespenst

Er hat einen Schuh gefunden. Der Schuh ist nicht modern, aber er ist auch nicht 300 Jahre alt. Vielleicht ist er 50 Jahre alt. Neben dem Schuh liegen zwei Schlüssel und ein kleines Armband.

„Was machen wir", fragt Martin.

„Ich weiß", sagt Resi.

Sie nimmt den Schuh und legt ihn ganz dicht ans Gitter. Dann steigen sie beide durch die Öffnung, und Martin macht das Gitter zu.

„Jemand wird jetzt den Schuh sehen", sagt Resi, „und dann werden sie vielleicht die Knochen von Katharina finden."

Jetzt hören sie mehrere Stimmen im Gang. Der Fremdenführer und seine Gruppe kommen zurück. Keiner von ihnen hat gemerkt, dass Martin und Resi verschwunden waren. Sie gehen mit der Gruppe zurück.

Als sie wieder in der Kirche sind, sagt Resi zum Fremdenführer:

„Darf ich Sie etwas fragen? Wer war Katharina Steinhöfel?"

„Wo hast du denn den Namen gehört?", fragt der Fremdenführer, „Katharina Steinhöfel war ein Mädchen, ich glaube 10 oder 12 Jahre alt. Im Juni 1953 ist sie verschwunden. Man hat sie nie gefunden. Einige Leute glauben, dass sie hier in den Katakomben begraben ist. Aber das ist natürlich Quatsch."

„Danke", sagt Resi.

Schlüssel →
Quatsch nicht richtig

23

Dann geht sie mit Martin durch die Kirche zum Ausgang.

„Jetzt wird man aber Katharina in den Katakomben finden", sagt sie, „und ihre Familie wird endlich wissen, was passiert ist."

ENDE

Sie fahren zum Prater

Martin findet den Prater sehr schön. Es ist ein großer, grüner Park, und hier gibt es eine Menge Vergnügungen. Er möchte am liebsten in das Crazy Motodrome, oder mit der Megablitz Hochschaubahn fahren.

„Nein", sagt Resi, „zuerst fahren wir mit dem Riesenrad. Wenn man in Wien ist, muss man mit dem Riesenrad fahren."

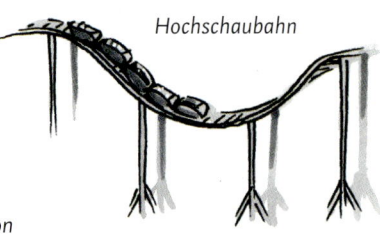

Hochschaubahn

Waggon

„Es fährt aber sehr langsam", sagt Martin.

„Deshalb ist es ja so romantisch", sagt Resi und lächelt.

Also fahren sie mit dem Riesenrad. Sie steigen in einen der roten Waggons. Das

Riesenrad

24

Riesenrad setzt sich langsam in Gang. Sie sind allein im
Waggon. Auf einmal sagt Resi:
„Du darfst mich küssen."
Martin wird rot.
„Was ist?", fragt Resi, „hast du keine Lust?"
„Doch", sagt Martin und küsst sie.
Das ist eigentlich ganz schön, denkt er und küsst sie
noch einmal. Dann guckt er zum Fenster hinaus.
„Oh, wir sind weit oben", sagt er.
„Ja", sagt Resi, „von hier kann man fast die ganze Stadt
sehen. Da ist der Stephansdom. Und dort …"
„Resi", sagt Martin auf einmal, „guck dorthin. Nein, da,
in den anderen Waggon."
Resi sieht gleich, was er meint. In einem anderen Waggon befinden sich ein Mann und eine Frau. Es sieht aus,
als ob sie miteinander kämpfen. Die Frau hat lange rote
Haare, und der Mann ist kahlrasiert. Er sieht brutal aus.
Dann können sie den anderen Waggon nicht mehr sehen.
„Was war da los?", fragt Martin.
„Ich glaube, er will sie umbringen", sagt Resi. Sie ist
ganz blass.
Dann ist die Fahrt zu Ende. Resi und Martin steigen aus.
Der Waggon mit dem Mann und der Frau fährt eine weitere Runde.
„Wir warten, bis sie aussteigen", sagt Martin, „dann können wir sehen, was los ist."
Ein paar Minuten später bleibt der Waggon stehen, und
das Paar steigt aus. Der Mann hilft der Frau beim Aus-

---

er ist kahlrasiert er hat keine Haare
umbringen töten

steigen. Alles sieht ganz normal aus. Dann gehen sie. Der Mann legt seinen Arm um die Frau.

„Naja", sagt Martin, „dann ist wohl alles in Ordnung. Jetzt will ich in die Megablitz Hochschaubahn."

„Ich weiß nicht," sagt Resi, „ich finde, wir sollen ihnen folgen und sehen, was sie machen."

a) Resi und Martin gehen zur Hochschaubahn – Seite 36
b) Resi und Martin folgen dem Paar – Seite 38

Sie fahren zurück nach Schönbrunn

Sie fahren zurück zum Karlsplatz und steigen in die U4 um. Als sie endlich am Schloss Schönbrunn sind, ist es schon spät. Der Eingang zum Park ist offen, aber Resi bleibt am Tor stehen.

„Oh nein!", sagt sie, „das Schloss ist nur bis fünf Uhr offen. Und jetzt ist es schon zehn vor fünf."

„Scheiße!", sagt Martin, „jetzt sind wir den ganzen Weg umsonst gefahren!"

„Der Park ist offen", sagt Resi, „wir können im Park spazierengehen."

„Aber ich will das Schloss sehen", sagt Martin, „nicht in irgendeinem dämlichen Park spazierengehen."

„Der Schönbrunner Schlosspark ist nicht dämlich", sagt Resi, „das ist ein sehr schöner Park."

---

dämlich dumm

Sie geht einfach los. Martin geht mit, aber er ist sauer.

„Das ist nur, weil du in die falsche U-Bahn gestiegen bist", sagt er, „wie kann man nur so dumm sein!"

„Na und?", sagt Resi, „du hast ja auch Augen im Kopf. Du hättest auch auf den Streckenplan der U-Bahn sehen können."

Sie gehen weiter, aber sie sagen nichts. Jetzt sind sie beide sauer. Endlich sagt Resi:

„Dann fahren wir eben nach Hause. Der Nachmittag ist ja sowieso verpatzt."

„Und wer ist daran Schuld?", brummt Martin.

„Na, dann mach', was du willst", sagt Resi.

Sie dreht sich um und geht zum Ausgang. Aber Martin folgt ihr nicht. Er geht in die andere Richtung, in den Park hinein. Resi setzt sich auf eine Bank. Er kommt sicher bald zurück, denkt sie.

Aber Martin kommt nicht. Eine halbe Stunde vergeht.

„Wo steckt er denn", denkt Resi.

Sie nimmt ihr Handy und drückt seine Nummer. Aber er antwortet nicht. Sie wartet zehn Minuten, dann ruft sie noch einmal an. Wieder keine Antwort. Jetzt ist sie wirklich sauer. Sie hat Lust, einfach nach Hause zu fahren, ohne Martin. Dann soll er doch allein mit der U-Bahn fahren.

a) Resi fährt allein nach Hause – Seite 44
b) Resi sucht Martin – Seite 46

---

verpatzt kaputt

Resi gibt der Frau
den Rucksack

„Danke", sagt die Frau und verschwindet mit dem Rucksack.
„Jetzt sagen wir aber den Sicherheitsleuten Bescheid", sagt Resi.
₅ Sie gehen zum Eingang. Die beiden Sicherheitsleute, die sie vorhin kontrolliert haben, stehen gemütlich beisammen und plaudern.
„Entschuldigen Sie", sagt Resi, und dann erzählt sie die ganze Geschichte. Die Sicherheitsleute hören interessiert
₁₀ zu. Der eine nimmt sein Handy und telefoniert mit jemandem. Der andere fragt:
„Wo ist sie hingegangen, die Fremdenführerin?"
„Zurück zum Saal mit den Fahnen ... zur Rotunde", sagt Martin, „sie hat ja eine Gruppe von Touristen. Die warten
₁₅ bestimmt irgendwo auf sie."
Der Mann mit dem Handy nickt und spricht weiter. Es vergeht ein Moment. Dann sagt er:
„Sie haben den Rucksack gefunden. In der Rotunde."
Zu Martin und Resi sagt er:
₂₀ „Ihr zwei bleibt bitte hier."
Dann dreht er sich um und spricht leise mit seinem Kollegen. Sie sprechen lange und merken nicht, was die beiden Jugendlichen machen.
„Komm!", flüstert Resi, „wir wollen sehen, was passiert."
₂₅ Sie laufen schnell in Richtung Rotunde, ohne dass es die

---

plaudern sprechen

Sicherheitsleute bemerken. Als sie hinkommen, sehen sie, dass die ganze Rotunde abgesperrt ist. Rund herum stehen sehr viele Sicherheitsleute. Sie tragen alle dieselben blauen Uniformen wie die Männer am Eingang.
 Mitten in der Rotunde stehen zwei von den Männern mit der Fremdenführerin. Der Inhalt des Rucksackes liegt auf dem Fußboden: die Brochüren und die Wasserflasche. Die Fremdenführerin sagt:
 „Da sehen Sie. Ich habe nur den Rucksack vergessen, das ist alles. Es ist nichts Interessantes drin."
 „Nein", sagt Resi auf einmal, „aber es fehlt etwas."

Lies auf der Seite 49 weiter

Resi gibt den Rucksack nicht her

„Wir bringen den Rucksack zu den Sicherheitsleuten am Eingang", sagt Martin und will gehen.
 Aber da geht die Frau zum Angriff über. Sie gibt Resi einen Faustschlag ins Gesicht und packt den Rucksack. Resi fällt um. Die Frau will mit dem Rucksack flüchten, aber Martin reißt den Rucksack an sich und schubst die Frau,

---

es fehlt etwas etwas ist nicht da
Faustschlag →

dass sie auch umfällt. Resi ist inzwischen aufgestanden. Ihre Nase blutet, aber sonst ist sie o.k.

„Komm!", ruft sie Martin zu und läuft zu einer Tür. Martin sieht, dass es eine Toilettentür ist. Die Frau ist jetzt aufgestanden und verfolgt sie. Resi öffnet die Tür zur Damentoilette.

„Aber ich kann doch nicht in die Damentoilette ...", sagt Martin.

„Glaubst du, ich gehe in die Herrentoilette?", fragt Resi, zieht ihn in die Damentoilette und schließt die Tür.

„So", sagt sie, „jetzt sind wir wenigstens einige Zeit sicher."

„Was macht deine Nase?", fragt Martin.

„Ach, das ist nicht so schlimm", sagt Resi, „es blutet gar nicht mehr. Ist die Frau noch draußen?"

Martin legt sich auf die Knie und guckt unter die Tür.

„Ja, sie steht noch da", flüstert er, „sie spricht mit jemandem. Ich glaube, sie hat ein Handy."

Resi und Martin versuchen zu hören, was die Frau sagt. Aber das ist fast unmöglich. Sie spricht sehr leise, und sie spricht englisch. Martin versteht nur einzelne Worte: *new formula, one million dollars, parking lot.* Martin denkt nach.

„Ich glaube, ich weiß, worum es geht", flüstert er, „sie haben doch hier den Kongress über Atomkraft. Und jemand hat eine neue Formel erfunden, und vielleicht kann man mit dieser Formel auch Bomben herstellen. Die Frau hat jetzt die Formel gestohlen und will sie sie für eine Million Dollars verkaufen. Bestimmt an Terroristen. Die warten auf dem Parkplatz auf sie."

„Und die Formel ist im Rucksack. Natürlich!", flüstert Resi.

Sie hören Lärm vor der Tür. Die Frau hat etwas vor die Tür geschoben, so dass sie in der Toilette eingesperrt sind. Dann geht sie.

„Das macht nichts", sagt Resi, „sie kommt wieder. Jetzt müssen wir die Formel finden."

Lies auf der Seite 51 weiter

Sie treffen Resis Mutter

Resi und Martin folgen der Fremdenführerin. Sie geht schnell an den Autos vorbei, zum anderen Ende des Parkplatzes.

„Sie sucht ein bestimmtes Auto", flüstert Martin, „oder sie muss jemanden treffen."

„Na und?", sagt Resi, „vielleicht fährt sie einfach nach Hause. Vielleicht ist alles ganz harmlos."

„Das glaube ich nicht. Sie hat etwas in dem Rucksack. Und jetzt ... pass auf, jetzt bleibt sie stehen. Und sie nimmt ihr Handy. Komm."

„Moment, Martin", sagt Resi, „hier steht doch unser Auto. Und da kommt Mama."

Resis Mutter kommt schnell auf das Auto zu.

„Kinder, da seid ihr ja!", ruft sie, „was ist denn passiert? Die Sicherheitsleute haben gesagt, dass vielleicht eine Bombe im Haus war. Und ihr habt sie gefunden. Ist das wahr?"

„Wir haben einen Rucksack gefunden", sagt Martin, „aber ich glaube gar nicht, dass es eine Bombe war. Guck mal, jetzt steigt sie in ein Auto."

„Was?", fragt die Mutter. „Wer steigt in ein Auto? Was ist denn hier los?"

„Die Frau mit dem Rucksack", sagt Martin, „sie steigt in ein Auto und fährt weg."

„Jetzt weiß ich!", sagt Resi. „Sie schmuggelt etwas aus dem Haus. Sie hat den Rucksack in der Rotunde stehenlassen, und jemand hat etwas in den Rucksack gesteckt. Und jetzt fährt sie weg damit."

„Natürlich", sagt Martin, „der Atomkongress! Sie hat wichtige Informationen über Atomkraft gestohlen. Vielleicht, wie man Atombomben herstellt. Und jetzt will sie diese Informationen verkaufen."

„An Terroristen!", sagt Resi. Ihre Augen werden ganz groß und rund.

„Aber das ist doch totaler Blödsinn!", sagt Resis Mutter.

„Es stimmt, Mama", sagt Resi, „wir müssen ihr folgen. Steig in das Auto. Wir fahren ihr nach!"

„Aber ich kann doch nicht … glaubst du, ich bin James Bond? Ich finde, wir sollten das lieber den Sicherheitsleuten überlassen", sagt Resis Mutter.

a) Sie folgen der Fremdenführerin – Seite 40
b) Sie gehen zu den Sicherheitsleuten – Seite 43

---

totaler Blödsinn   sehr, sehr dumm

Sie gehen mit der Gruppe

Sie gehen alle nach oben, und der Fremdenführer schließt die Tür zu den Katakomben. Dann gehen Resi und Martin zur U-Bahn und fahren nach Hause.

Am Abend kommt Resis Großmutter zu Besuch. Resi erzählt von dem Besuch im Stephansdom und in den Katakomben.

„Uh, war das nicht gruselig?", fragt die Großmutter.

„Doch", sagt Resi, und dann erzählt sie von dem, was sie gehört hat, als sie allein war. Sie erzählt aber nicht, dass sie mit Martin zurückgehen wollte, um die Sache nochmals zu untersuchen.

„Tja", sagt die Großmutter, „das war bestimmt nichts. Obwohl ..."

„Obwohl was?", fragt Resi. Sie und Martin sehen die Großmutter gespannt an.

„Ich habe als Kind eine Geschichte gehört", erzählt die Großmutter, „das war 1953 oder 54. Ein Mädchen war verschwunden. Sie hieß Katharina, glaube ich. Die Polizei hat sie lange gesucht, aber sie wurde nie gefunden. Schließlich haben die Eltern ein spiritistisches Medium gefragt, und diese Dame, dieses Medium hat dann gesagt, dass Katharina ermordet wurde und dass der Mörder die Leiche in den Katakomben von Wien versteckt hat. Das ist natürlich alles Quatsch. - Allerdings war eine Freundin von mir eines Tages mit ihren Eltern in den Katakomben, und sie hat

---

Leiche toter Mensch
Quatsch nicht richtig

mir nachher erzählt, dass sie ganz bestimmt eine Stimme gehört hat. Genau wie du es jetzt sagst, Resi."

„Haben ihre Eltern es auch gehört?", fragt Martin.

„Nein", sagt die Großmutter, „nur meine Freundin. Und sie meinte, dass es ganz bestimmt Katharina war, die da nach ihr rief."

„Hat die Polizei nicht in den Katakomben nach Katharina gesucht?"

„Natürlich. Aber sie haben sie nicht gefunden."

„Und sie ist bis heute verschwunden?", fragt Resi.

„Ja", sagt die Großmutter, „Katharina ist nie gefunden worden."

„Dann liegt sie bestimmt noch in den Katakomben von Wien", sagt Resi.

ENDE

Sie bleiben in den Katakomben

Martin und Resi warten, bis die Gruppe nach oben gegangen ist. Dann gehen sie zur Tür, die in den dunklen Gang führt. Aber die Tür ist verschlossen.

„Das geht also nicht", sagt Martin, „jetzt müssen wir doch nach oben gehen."

„Ist vielleicht auch besser", sagt Resi, „ehrlich gesagt, ich hatte schon ein bisschen Angst da drinnen bei all den Skeletten."

Sie gehen zu der Tür, die nach oben führt. Aber diese Tür ist auch verschlossen. Martin und Resi sehen sich an.

„Was machen wir jetzt?", fragt Martin. „Wir sind hier eingesperrt."

Resi denkt einen Moment nach. Dann nimmt sie ihr Handy aus der Tasche und drückt eine Nummer.

„Wen rufst du an?", fragt Martin.

„Mama", sagt Resi, „sie soll dann in der Kirche anrufen und sagen, dass wir hier unten sind."

Martin nickt. Resi hält das Handy in der Hand und wartet. Dann sagt sie:

„Ach Scheiße. Ich kriege kein Signal. Wir sind wirklich eingesperrt."

„Da kommt sicher bald jemand", meint Martin.

„Es ist schon über fünf Uhr", sagt Resi, „heute ist bestimmt keine Führung mehr. Was ist, wenn wir die ganze Nacht hier verbringen müssen? Hier gibt es nicht einmal eine Toilette."

„Vielleicht hat der Fremdenführer oder einer aus der Gruppe gemerkt, dass wir nicht da sind. Und die kommen dann zurück und suchen uns."

„Und wenn nicht? Dann müssen wir die ganze Nacht mit den toten Bischöfen verbringen", jammert Resi.

„Na, die werden uns wenigstens nicht schaden", tröstet Martin.

Da sagt eine Stimme hinter ihnen:

„Guten Abend."

Lies auf der Seite 52 weiter

Sie gehen zur Hochschaubahn

„Das war echt cool", sagt Martin, als sie aus der Megablitz Hochschaubahn aussteigen.

„Mir ging es ein bisschen zu schnell", sagt Resi. Sie ist blass und fühlt sich nicht ganz wohl.

Dann gehen sie zum Crazy Motodrome, aber nur Martin macht eine Fahrt. Resi bleibt draußen stehen.

Danach fahren sie beide mit den Buggy Star Go-Karts und testen das Starflyer Kettenkarusell. Martin möchte auch noch in eine Spielhalle gehen, aber Resi sagt:

„Nein, das kostet nur Geld, und man gewinnt nichts. Wollen wir nicht lieber essen gehen? Ich habe Hunger."

„Gute Idee", sagt Martin, „wo gehen wir hin?"

„In Dalli's Toasteria", sagt Resi, „das ist billig und gut."

Nachdem sie ihren Toast gegessen haben, gehen sie langsam durch den Park. Es ist jetzt Abend, und der Park ist sehr schön. Martin hält Resis Hand. Da hören sie auf einmal die Sirenen eines Unfallwagens. Jetzt können sie auch den Unfallwagen sehen. Er ist bei einem Restaurant stehen geblieben. Da stehen auch schon zwei Polizeiautos. Viele Leute rennen hin, Resi und Martin

Unfallwagen

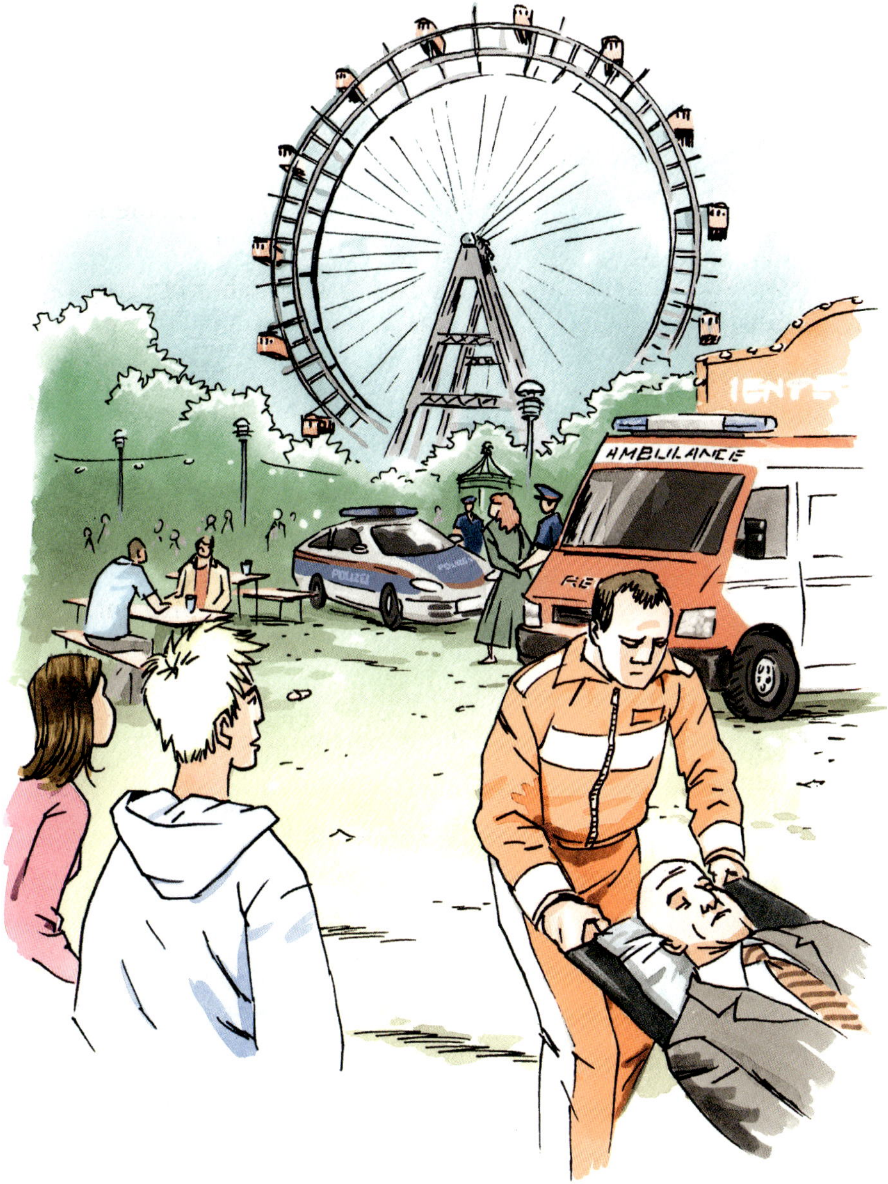
AMBULANCE
POLIZEI

auch. Vor dem Restaurant steht eine Frau. Zwei Polizisten halten sie fest.

„Das ist die Frau aus dem Riesenrad", flüstert Martin, „aber wo ist der Mann?"

5   „Da", sagt Resi.

Der Mann wird gerade auf einer Bahre zum Unfallwagen geschoben. Er ist ganz blass.

„Er ist tot", sagt Martin, „er wollte die Frau umbringen, und jetzt hat sie ihn umgebracht."

10   „Wir hätten ihnen doch folgen sollen", sagt Resi, „dann hätten wir vielleicht den Mord verhindert."

Da hebt der Mann seine Hand und sagt etwas zum Notarzt.

„Oh, Gott sei Dank", sagt Resi, „er ist nicht tot."

15   Der Unfallwagen fährt ab. Die Polizei fährt mit der Frau ab.

„Die Polizei hat die Frau verhaftet", sagt Martin, „aber sie wird bestimmt freigesprochen. Das war ja Notwehr."

„Wir hätten ihnen aber doch folgen sollen", sagt Resi.

ENDE

Sie folgen dem Paar

Der Mann und die Frau gehen schnell. Martin und Resi müssen sich anstrengen, um ihnen zu folgen. Aber das rote Haar der Frau und der kahlrasierte Kopf des Mannes sind
30 leicht zu erkennen. Jetzt geht das Paar in ein Restaurant. Es

---

sie wird freigesprochen sie bekommt keine Strafe

heißt ‚Himmelreich Restaurant' und sieht teuer aus. Resi und Martin folgen den beiden und setzen sich an einen Tisch. Sie bestellen je eine Cola. Der Mann und die Frau studieren die Speisekarte. Resi und Martin können noch immer nicht hören was sie sagen. Dann aber fangen sie plötzlich an, laut zu diskutieren. Die Frau springt auf und rennt aus dem Lokal. Der Mann rennt ihr nach. Resi legt schnell das Geld für die Cola auf den Tisch, und dann rennen sie und Martin hinterher. Sie finden das Paar in einer Ecke hinter dem Restaurant. Resi und Martin verstecken sich hinter einer Tür. Der Mann sagt:

„Der Schlüssel. Sie müssen mir den Schlüssel geben."

„Nein", sagt die Frau, „ich kann nicht. Ich will nicht!"

Der Mann packt sie am Arm.

„Wo ist der Schlüssel?", fragt er.

„Ich weiß es nicht!", schreit die Frau und fängt an, mit dem Mann zu kämpfen.

„Sollen wir ihr helfen?", fragt Martin.

„Nein, lieber nicht", sagt Resi.

Auf einmal fällt der Mann um und liegt zusammengekrümmt auf dem Boden. Die Frau hat ihn mit dem Knie im Schritt getroffen. Sie entdeckt Resi und Martin und rennt zu ihnen.

„Helft mir", bittet sie, „er will mich umbringen! Ich muss flüchten. Kommt mit."

Der Mann ist inzwischen aufgestanden.

„Nein!", ruft er, „ihr dürft der Frau nicht helfen! Ich bin von der Polizei!"

Schlüssel →

„Das stimmt nicht! Helft mir!", schreit die Frau.

a) Resi und Martin helfen der Frau – Seite 56
b) Resi und Martin helfen ihr nicht – Seite 57

Sie folgen der Fremdenführerin

„Da fährt sie. In dem roten BMW", sagt Martin.

„Ja, seh' ich doch", sagt die Mutter, „ruft jetzt bitte die Sicherheitsleute in der UNO-City an. Die Nummer findet ihr in meiner Handtasche."

Resi sucht die Handtasche. Dann sucht sie das Notizbuch mit der Nummer. Das dauert sehr lange. Martin konzentriert sich auf den roten BMW.

„Fahren Sie schneller", sagt er zu Resis Mutter, „sonst verschwindet sie."

„Ich fahre doch so schnell ich kann", sagt die Mutter.

Sie nähern sich einer Ampel. Es ist grün. Der rote BMW fährt durch. Dann wird es rot.

Ampel

„Fahren Sie!", ruft Martin, „sonst ist sie weg."
„Oh, mein Gott", stöhnt die Mutter und fährt bei Rot über die Straße. Die anderen Autos hupen.
„Oh, mein Gott", stöhnt die Mutter wieder, „Resi, hast du denn die Nummer noch nicht gefunden?"
„Doch, aber jetzt kann ich mein Handy nicht finden", sagt Resi.
Die Frau in dem roten BMW fährt schneller. Sie überholt mehrere Autos.
„Schneller! Schneller!", ruft Martin.
„Aber das geht doch nicht! Hier darf man nur 60 Stundenkilometer fahren!"
„Fahren Sie!!", schreit Martin.
„Mein Gott, was mache ich denn hier", jammert die Mutter und gibt Vollgas.
Resi hat endlich das Handy gefunden. Sie drückt die Nummer. Nach einer Weile bekommt sie Verbindung. Sie erklärt die Situation.
„Sie wollen wissen, wo wir sind", sagt sie zu ihrer Mutter.
„Auf der Wagramer Straße", sagt die Mutter, „wir fahren in Richtung Norden."
„Auf der Wagramer Straße in Richtung Norden", wiederholt Resi, „ja, gut, o.k. Danke"
„Wir sollen dem Auto folgen", sagt sie zur Mutter, „sie kommen so schnell wie möglich."
Vor ihnen fährt ein Van. Die Mutter versucht es zu überholen. Da bremst es plötzlich. Resis Mutter versucht auch

Weile Zeit

41

zu bremsen, aber zu spät. Es gibt einen lauten Krach - sie sind auf den Van aufgefahren.

Lies auf der Seite 63 weiter

Sie gehen zu den Sicherheitsleuten

Martin schreibt noch schnell die Nummer des Autos auf. Dann gehen sie alle drei zurück zu den Sicherheitsleuten. Einer der Sicherheitsleute sagt:
„Alles ist jetzt unter Kontrolle. Sie können ruhig nach Hause fahren."
Aber Martin reicht ihm die Autonummer und erzählt, dass die Frau mit dem Rucksack in diesem Auto weggefahren ist.
„Und du bist ganz sicher", fragt der Mann, „das war der Rucksack, den du in der Rotunde gesehen hast?"
„Ganz sicher", sagen Martin und Resi wie aus einem Mund.
„Danke für die Information", sagt der Mann, „wir werden sofort eine Fahndung einleiten. Fahren Sie jetzt ruhig nach Hause."
Sie gehen zurück zum Auto und fahren nach Hause. Am Abend schalten sie den Fernseher ein. Sie wollen die Nachrichten sehen. Auf dem Bildschirm sehen sie den Parkplatz der UNO-City und die vielen Leute. Die Nachrichtensprecherin berichtet, dass die UNO-City evakuiert wurde, weil man annahm, dass vielleicht eine Bombe im Haus sei. Man hat aber keine Bombe gefunden, sagt sie, und die Leute konnten zu ihrer Arbeit zurückkehren. Dann folgt ein Interview mit einem der Sicherheitsleute. Er erzählt, dass man später den pink-schwarzen Rucksack gefunden hat.

---

eine Fahndung einleiten nach der Frau suchen

„Ja, äh … ich war eben sauer. Entschuldige bitte. Ich habe … da war ein Mann, der verkaufte Blumen, und ich habe einen Blumenstrauß für dich gekauft."

Martin gibt Resi einen
5 schönen Blumenstrauß.

Blumenstrauß

„Danke", sagt sie und wird ganz rot.

„So, jetzt fahren wir aber nach Hause", sagt Resis Vater.

ENDE

Resi sucht Martin

Resi geht wieder in den Park. Das Wetter ist schön, und deshalb gehen viele Leute im Park spazieren. Aber Martin ist nicht da. Resi sucht sehr lange. Da sieht sie auf einmal
20 einen Jungen, der auf einer Bank sitzt. Es ist Martin, aber er ist mit einem Mädchen zusammen. Er hat seinen Arm um sie gelegt, und jetzt küsst er sie auch noch! Resi rennt hin.

„Martin, was machst du den da?", schreit sie.
25 Der Junge dreht sich um. Aber es ist nicht Martin. Er hat nur dieselben Kleider und dieselbe Haarfarbe wie Martin.

„Oh, entschuldige", sagt Resi, „ich suche meinen Freund, und ich dachte … entschuldige."

Sie rennt schnell weg, sehr rot im Gesicht. Dann sucht
30 sie weiter. Auf einmal sieht sie ein Schild, auf dem steht:

ZUM IRRGARTEN

Ah, denkt sie, da ist er bestimmt hingegangen. Schnell geht sie den Weg entlang. Der Irrgarten ist noch offen, bis sechs Uhr. Resi fragt das junge Mädchen am Schalter, ob ein Junge mit Jeans und einem weißen Kapuzensweatshirt in den Irrgarten gegangen ist.

„Ja, vor etwa zwanzig Minuten", sagt das Mädchen, „er sah ziemlich sauer aus."

Irrgarten

„Dann war es Martin", sagt Resi.

Sie kauft ein Ticket und geht in den Irrgarten. Die grünen Hecken sind sehr hoch. Bald ist Resi so weit drinnen, dass sie nicht mehr weiß, wo der Ausgang ist. Ab und zu hört sie Schritte hinter einer Hecke, aber sie sieht niemanden.

„Martin!", ruft sie, aber sie bekommt keine Antwort.

Dann hört sie auch keine Schritte mehr. Es ist sehr, sehr still. Sie hat das Gefühl, dass sie immer tiefer in den Irrgarten hineinkommt, immer weiter weg vom Ausgang. Und sie sieht nur die hohen, grünen Hecken.

„Martin!", ruft sie wieder, „wo bist du?"

Schalter da wo man Tickets kaufen kann
Kapuzensweatshirt →

Immer noch keine Antwort. Resi wird von Panik erfasst. Sie fängt an zu rennen. Sie kriegt fast keine Luft mehr. Sie will nur raus aus diesem Irrgarten. Aber sie ist zwischen den grünen Hecken gefangen. Da hört sie auf einmal eine Stimme:

„Resi! Resi!", ruft die Stimme.

Es ist eine tiefe Männerstimme. Resi kennt die Stimme nicht. Sie steht starr vor Schreck und kann nichts sagen.

„Resi!", sagt die Stimme wieder, „willst du den Ausgang finden? Dann mach', was ich dir sage. Sonst kommst du nie wieder aus dem Irrgarten."

Resi weiß nicht, was sie machen soll. Sie hat große Angst.

„Geh' jetzt nach rechts, dann geradeaus, und dann nach links", sagt die Stimme.

a) Resi folgt der Stimme – Seite 59
b) Resi versucht allein den Ausgang zu finden – Seite 61

Das Sandwich

„Das Sandwich ist nicht da!", ruft Resi und versucht, in die Rotunde zu kommen. Die Sicherheitsleute halten sie zurück.

„Da war auch ein Sandwich drin", sagt Resi, „wir haben es gesehen, mein Freund und ich. Suchen Sie das Sandwich!"

Resi und Martin müssen den Sicherheitsleuten erzählen, was sie gesehen haben.

„Soso", sagt einer der Männer zu der Fremdenführerin, „wo ist das Sandwich?"

„Da war kein Sandwich", sagt die Fremdenführerin, „äh, ich meine, ich habe es aufgegessen. Ich hatte eben Hunger. Na und? Man darf doch wohl ein Sandwich in seinem Rucksack haben."

„Dazu war doch gar keine Zeit", sagt Resi, „das Sandwich muss hier sein."

"Die Sicherheitsleute finden das Sandwich in der Jackentasche der Frau.

„Na, das ist ja interessant", sagt einer, „kommen Sie mit, bitte."

Die Fremdenführerin wird abgeführt. Die Sicherheitsleute folgen nach. Einer bleibt zurück.

„Das habt ihr gut gemacht", sagt er zu Resi und Martin.

„Aber was ist mit dem Sandwich?", fragt Resi, „warum ist es so wichtig?"

„Das darf ich eigentlich gar nicht sagen", sagt der Mann, „aber wir glauben, dass diese Fremdenführerin versucht hat, wichtige Informationen aus dem Haus zu schmuggeln."

„Spionage!", sagt Martin.

„Ja, genau", sagt der Mann, „wir haben ja zur Zeit hier den großen Kongress über Atomenergie. Da gibt es viele neue Informationen. Auch Informationen, mit deren Hilfe man Atombomben herstellen kann."

„Aber wie kann man Informationen in einem Sandwich schmuggeln?", fragt Martin.

„Das weiß ich nicht", sagt der Mann, „aber wir werden es schon herausfinden. Hauptsache, wir haben das Sandwich gefunden. Und jetzt sage ich nichts mehr."

Damit dreht er sich um und geht. Resi und Martin sehen sich an.

„Das werden wir nie erfahren", sagt Resi, „schade."

ENDE

Sie untersuchen den Rucksack

Resi öffnet den Rucksack und nimmt alles heraus. Sie blättert die Broschüren durch, aber findet nichts. Sie untersucht den Rucksack noch einmal, aber es ist nichts mehr drin. Martin liest den Text auf der Wasserflasche.

„Vielleicht ist die Formel im Text versteckt", sagt er.

„Ja", sagt Resi, „oder vielleicht …"

Sie packt das Sandwich aus und nimmt es auseinander, und da findet sie ein kleines Päckchen. Es ist nur sechs Zentimeter lang und in Folie eingewickelt.

„Was ist das?", fragt Martin.

„Ein Memory-Stick", sagt Resi, „ich glaube, wir haben unsere Formel gefunden."

Sie packt das Sandwich wieder ein und legt es in den Rucksack, zusammen mit der Wasserflasche und den Broschüren. Den Memory-Stick steckt sie in ihre Hosentasche. Da hören sie Schritte vor der Tür. Die Fremdenführerin ist zurückgekommen.

„Jetzt habe ich einen Schlüssel", sagt sie, "ich schließe die Tür auf, und ihr gebt mir den Rucksack."

Sie schließt die Tür auf. Resi und Martin sehen, dass sie nicht nur einen Schlüssel hat, sondern auch ein Messer. Resi gibt ihr den Rucksack.

Päckchen ↘

Schlüssel ↘

Messer ↘

„Sie hatten recht", sagt sie, „es war keine Bombe. Entschuldigen Sie."

„Schon gut", sagt die Frau, nimmt den Rucksack und geht.

Resi und Martin folgen ihr. Sie wirft das Messer in einen Papierkorb, und dann nimmt sie das Sandwich aus dem Rucksack und steckt es in ihre Jackentasche. Aber auf einmal kommt eine ganze Gruppe von Sicherheitsleuten auf sie zu. Sie versucht zu flüchten, aber die Sicherheitsleute kommen auch von der anderen Seite.

„Frau Meyerling", sagt einer der Sicherheitsleute, „dürfen wir Ihren Rucksack sehen?"

Die Frau reicht ihm den Rucksack. Er untersucht ihn. Frau Meyerling steht ganz ruhig da. Der Mann sagt etwas zu seinen Kollegen. Er gibt der Frau ihren Rucksack zurück.

„Sie haben nichts gefunden", sagt sie, „was suchen Sie eigentlich?"

„Vielleicht das?", fragt Resi und reicht dem Mann den Memory-Stick.

Frau Meyerling wird blass. Der Mann lächelt.

„Danke schön, Fräulein", sagt er.

ENDE

Der tote Kardinal

Resi und Martin kriegen beide einen Schock. Auf einem Sarg sitzt ein Mann. Er hat einen langen roten Mantel an und einen kleinen roten Hut auf dem Kopf – ein Kardinal.

„Äh … guten Abend", flüstert Resi.

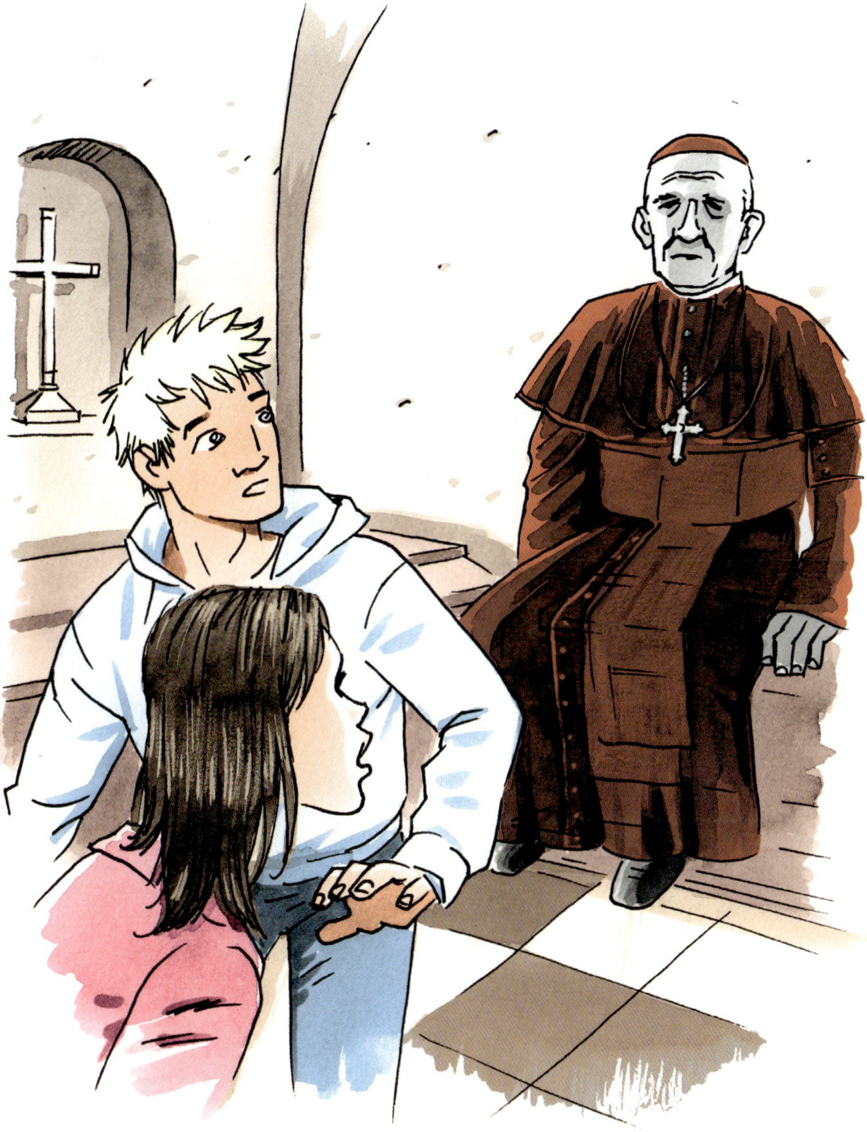

Martin kann nichts sagen. Der Kardinal sieht freundlich aus.

„Äh, ich heiße Resi – Theresa Weinbauer, und das ist Martin Buchholz. Wir waren ... unsere Gruppe ist ..."

„Ich weiß", sagt der Kardinal, „die Gruppe ist nach oben gegangen, und ihr seid hier allein. Ich bin Kardinal Innitzer."

Martin nickt höflich. Aber Resi sieht ganz entsetzt aus.

„Kardinal Innitzer", sagt sie, „ich habe von Ihnen gehört. Aber Sie sind doch ..."

„Tot, ja", sagt der Kardinal ganz ruhig, „ich bin seit 1955 tot. Ich bin hier begraben."

„Aber warum ... aber wieso ...?"

„Ich war nicht immer ein guter Mensch", sagt der Kardinal, „im Krieg war ich freundlich zu den Nazis. Das war nicht gut, und deshalb finde ich keine Ruhe. Aber jetzt kann ich der Kirche helfen."

„Gibt es denn ein Problem?", fragt Resi.

„Ja", sagt der Kardinal, „ein großes Problem. Oben in der Kirche hinter einem Altar brennt es. Es ist nur ein kleines Feuer, aber jemand muss es löschen, sonst gibt es eine Katastrophe."

„Aber wir sind ja eingesperrt", sagt Resi, „wie können wir helfen?"

Da hören sie etwas an der Tür.

„Es kommt jemand", sagt Martin, „Gott sei Dank."

Resi will den Kardinal noch etwas fragen, aber er ist verschwunden. Dann geht die Tür auf, und der Fremdenführer kommt mit einer neuen Gruppe. Resi und Martin verstecken sich, und als die Gruppe weiter gegangen ist, rennen sie schnell nach oben. In der Kirche sieht alles normal aus.

„Wo ist das Feuer", fragt Resi, „es gibt ja hier so viele Altäre. Hinter welchem ist es?"

„Glaubst du wirklich, dass hier ein Feuer ist?", fragt Martin, „der Kardinal ... das war ja nur ... Fantasie."

Resi antwortet nicht. Sie geht von einem Altar zum anderen. Martin bleibt vor dem Hochaltar stehen. Plötzlich merkt er etwas. Es riecht nach Rauch. Und jetzt sieht er auch den Rauch. Er will Resi rufen, aber da sieht er einen Priester, der auf ihn zu kommt. Er sagt dem Priester, was er gesehen hat. Der Priester reagiert schnell. Er holt ein Handy aus seiner Tasche und telefoniert. Einen Moment später kommen zwei Männer mit Feuerlöschern, und bald ist das Feuer gelöscht.

Rauch

Feuer   Feuerlöscher

„Das war aber gut, dass du den Rauch bemerkt hast", sagt der Priester, „jetzt haben wir eine Katastrophe verhindert."

„Das war eigentlich meine Freundin", sagt Martin und zeigt auf Resi, die hinter ihm steht.

„Soso", sagt der Priester, „also vielen Dank, Fräulein."

„Eigentlich war es Kardinal Innitzer", flüstert Resi, als sie die Kirche verlassen, „aber das können wir natürlich nicht sagen."

ENDE

Sie helfen der Frau

„Wir laufen zum Ausgang!", ruft die Frau und fängt an zu rennen. Resi und Martin rennen mit. Der Mann rennt ihnen nach. Jetzt ist er ganz nahe, aber Martin stellt ihm ein Bein. Der Mann fällt hin und bleibt liegen. Sie hören, wie
5 er schimpft und flucht. Dann rennen sie weiter.

er stellt ihm ein Bein

„Zum Parkplatz!", ruft die Frau, als sie am Ausgang sind.
Der Weg zum Parkplatz ist lang. Als sie endlich da sind, bleibt die Frau stehen und sieht sich um.
20 „Kommt er?", fragt sie, „könnt ihr ihn sehen?"
„Nein", sagt Resi, „ich kann ihn nicht sehen."
„Gut", sagt die Frau, „danke für die Hilfe."
„Bitte sehr", sagt Martin.
Dann geht die Frau zu einem blauen Fiat Punto und
25 steigt ein. Zwei Minuten später ist sie weg.
„Was machen wir jetzt?", fragt Resi.

---

schimpft und flucht sagt schlimme Worte

„Wir fahren natürlich nach Hause", sagt Martin, „glaubst du, ich will hier warten, bis der Glatzkopf uns findet?"
Sie verlassen den Parkplatz und wollen zur U-Bahn gehen. Da sieht Martin plötzlich den ‚Glatzkopf'. Er ist mit zwei anderen Männern zusammen.
„Sie haben uns gesehen!", ruft Martin, „komm!"
Sie rennen zum Parkplatz zurück. Da können sie sich hinter einem Auto verstecken. Sie hören, dass die Männer näher kommen.
„Ich glaube, der Glatzkopf hat eine Pistole", flüstert Martin.
„Ich habe Angst", flüstert Resi.
„Komm", flüstert Martin, „wir müssen weg von hier!"
Er nimmt Resi bei der Hand, und sie laufen gebückt hinter den Autos. Aber plötzlich bleiben sie stehen. Der ‚Glatzkopf' steht vor ihnen. Und hinter ihnen stehen jetzt auch die zwei anderen Männer.

Lies auf der Seite 65 weiter

Sie helfen ihr nicht

Resi und Martin bleiben stehen. Der Mann kommt langsam auf sie zu. Er nimmt etwas aus seiner Tasche.
„Passt auf, er hat eine Pistole", schreit die Frau.
Sie will weglaufen, aber Resi hält sie fest, bis der Mann kommt. Sie faucht wie eine Katze.

Glatzkopf ein Mann, der keine Haare hat

„Gut", sagt der Mann, „jetzt übernehme ich."
Er hat einen Polizeiausweis in der Hand.
„Ich bin Josef Radler von der Kriminalpolizei", sagt er zu Resi und Martin, und zu der Frau sagt er:

„Also, Frau Ritter, entweder arbeiten Sie mir mit zusammen und sagen mir, wo der Schlüssel ist, oder Sie sind verhaftet."

„Geh zum Teufel!", sagt Frau Ritter.

Teufel

„Na gut", sagt Radler, nimmt ein Handy und ruft seine Kollegen. Ein paar Minuten später kommen zwei Polizisten und nehmen Frau Ritter fest. „Ich sage kein Wort", faucht sie, als sie abgeführt wird.

Radler bleibt bei Resi und Martin.

„Was war das?", fragt Resi, „wir dachten, Sie wollten die Frau umbringen."

„Nein, so schlimm war es nicht", sagt Radler, „aber es ist eine lange Geschichte. Frau Ritters Mann, Gerhard Ritter,

---

Polizeiausweis →

ist ein Gangster. Seine Bande hat viele Millionen Euro in Goldbarren gestohlen. Wir hatten einen anonymen Tipp, dass diese Goldbarren irgendwo in einem Schließfach liegen. Und Frau Ritter weiß, wo der Schlüssel zum Schließfach ist. Deshalb wollen wir gern, dass sie mit der Polizei zusammenarbeitet. Und ich sollte heute mit ihr sprechen."

Schließfach

„Aber sie wollte nicht zusammenarbeiten", sagt Resi.
„Nein, heute nicht", sagt Radler, „aber das kommt noch. Sie hat nämlich Angst vor ihrem Mann. Ich bin Optimist. "
„Na, dann viel Glück", sagt Martin.
„Danke", sagt Radler, „und vielen Dank für eure Hilfe."

ENDE

Resi folgt der Stimme

Resi geht nach rechts und dann nach links.
„Was mache ich jetzt?", ruft sie.
„Geh' wieder nach links und dann wieder nach links", antwortet die Stimme, „immer nur nach links."
Resi geht weiter. Sie sieht aber nur grüne Hecken.
„Wann komme ich zum Ausgang?", fragt sie, „wer bist du?"

„Ha ha!", höhnt die Stimme, „du kommst überhaupt nicht zum Ausgang. Ich bin der Teufel, und du kommst in die Hölle!"

5 Resi schreit und beginnt zu rennen. Sie weiß nicht mehr, ob sie nach rechts oder nach links rennt. Plötzlich hört sie einen Schrei. Und sie sieht auch etwas.

Teufel

10 Da, hinter einer Hecke, liegt jemand. Sie rennt hin. Es ist Martin. Er liegt auf dem Boden und bewegt sich nicht. Er ist bestimmt tot, denkt Resi. Der Teufel hat ihn geholt.

„Martin! Martin!", schreit sie und kniet nieder.

15 Aber Martin ist überhaupt nicht tot.

„Resi", stöhnt er, "entschuldige bitte. Ich wollte nur ein bisschen Spaß haben, und dann bin ich hingefallen und habe mir den Fuß verstaucht."

Jetzt sieht Resi, dass etwas neben Martin auf dem Boden
20 liegt. Es ist ein Megaphon. Da versteht sie plötzlich alles.

„Du warst die Stimme!", sagt sie, „du hast gesagt, du wärst der Teufel und …"

„Ich habe das Megaphon hier auf dem Boden gefunden", jammert Martin, „und dann habe ich dich gehört,
25 und dann … ich war ja so sauer auf dich, und da wollte ich dich eben ein bisschen erschrecken."

Hölle da, wo der Teufel wohnt
verstaucht →

„Ein bisschen!", sagt Resi, „ich habe solche Angst gehabt, das kannst du dir gar nicht vorstellen. Und jetzt hast du dir deinen Fuß verstaucht. Tja, sowas passiert, wenn man solche Dummheiten macht."

Sie hilft Martin auf die Beine, und zusammen gehen sie weiter. Martin hat seinen Arm um Resis Schultern gelegt.

„Bist du sehr böse auf mich?", fragt er.

„Nein", sagt Resi und lächelt, „ich bin froh, dass ich dich gefunden habe."

Zwei Minuten später sind sie am Ausgang.

ENDE

Resi versucht allein den Ausgang zu finden

Resi geht zurück und dann nach links. Das ist der Weg, den sie gekommen ist, der führt bestimmt zum Ausgang. Aber er führt natürlich nur weiter in den Irrgarten hinein. Langsam, ruhig, nur keine Panik, denkt sie. Wenn sie nur Martin finden könnte. Zusammen könnten sie bestimmt den Ausgang finden.

„Martin! Martin!", ruft sie.

Martin antwortet nicht. Aber die Stimme antwortet:

„Martin ist nicht hier. Martin ist verschwunden."

„Nein!", schreit Resi.

Sie merkt die Panik wieder aufsteigen, und sie rennt los. Warum kann sie den Ausgang nicht finden? Da hört sie etwas. Es sind Schritte. Jemand kommt. Jemand verfolgt sie. Sie rennt schneller. Die Schritte kommen näher.

„Hilfe! Hilfe!", schreit Resi.

„Resi! Resi! Bleib stehen!", ruft jemand hinter ihr.

5 Jetzt sieht sie den Ausgang. Es ist eine Schranke, die man nur von innen öffnen kann. Die Schritte kommen immer näher. Sie hört den Verfolger stöhnen. Dann ist sie am Ausgang. Aber die Schranke öffnet sich nicht. Resi ist gefangen. Und jetzt hat der Verfolger seine Hände auf
10 ihren Schultern.

„Resi! Resi!", sagt er, aber diese Stimme kennt Resi. Es ist Martin.

„Martin, du bist es!", sagt sie, „ich hatte solche Angst. Ich habe eine Stimme gehört und … und die Schranke
15 geht nicht auf. Wir sind eingesperrt!"

„Jetzt immer mit der Ruhe", sagt Martin, „wir sind nicht eingesperrt, und da war keine Stimme. Komm, ich passe auf dich auf."

Er öffnet ohne Probleme die Schranke, und sie gehen
20 hinaus. Aber Resis Angst ist noch nicht weg.

„Diese Stimme", sagt sie, „ich habe sie wirklich gehört. Was glaubst du, was das war, Martin?"

„Nichts", sagt Martin, „nur deine Fantasie."

Er legt seinen Arm um ihre Schultern, und sie verlassen
25 den Park.

ENDE

Mama rettet die Welt

„Mama, bist du o.k.?", fragt Resi. Sie hat einen Schock bekommen, aber sonst ist sie unverletzt.

„Ich weiß nicht", stöhnt die Mutter, „ich glaube, ich habe meinen Arm gebrochen. Martin, bist du o.k.?"

„Ja, ich glaube schon", sagt Martin und presst die Autotür auf.

Auf der Straße stehen schon viele Leute. Der Fahrer des Vans sitzt neben seinem Auto. Er blutet am Kopf. Und jetzt sieht Martin, was passiert ist. Der rote BMW ist mit einem anderen Auto zusammengestoßen, deshalb musste der Van bremsen. Martin rennt zu dem BMW. Die Frau sitzt im Auto. Sie blutet am Kopf und an den Händen. Und neben ihr liegt der Rucksack. Die Autotür ist offen. Martin nimmt den Rucksack. Da stöhnt die Frau:

„Alles im Rucksack … Dokumente … Formeln … der neue Reaktor … auf einem Memory-Stick."

Sie sinkt über dem Lenkrad zusammen. Jetzt hört

Lenkrad

---

unverletzt o.k.

Unfallwagen

Martin schon die Sirenen der Unfallwagen. Er geht zurück zu Resi und ihrer Mutter. Einen Moment später sind die Unfallwagen da. Ein Notarzt untersucht Resis Mutter. Ihr Arm ist gebrochen, und sie muss ins Krankenhaus. Resi fährt mit ihr im Unfallwagen. Ein anderer Unfallwagen fährt mit der Frau aus dem roten BMW ins Krankenhaus. Martin bleibt an der Unfallstelle, bis die Leute von der Uno-City ankommen. Er gibt ihnen den Rucksack.

„Die Frau hat gesagt, es sind Dokumente und Formeln auf einem Memory-Stick, und der liegt im Rucksack", sagt er, „etwas mit einem Reaktor, glaube ich."

„Ja, das stimmt schon", sagt ein Beamter, „wir hatten einen Tip, dass jemand versucht hat, wichtige Dokumente aus dem Haus zu schmuggeln. Von dem Kongress über Atomenergie. Das Problem ist, Terroristen können mit diesen Formeln nicht nur einen Reaktor, sondern auch eine Bombe herstellen."

Am Abend sind alle wieder zu Hause. Die Mutter hat einen großen Gipsverband um den Arm. Martin erzählt von den Dokumenten im Rucksack.

„Wir haben also sozusagen die Welt gerettet", sagt er zum Schluss.

„Nein", sagt Resi, „Mama hat die Welt gerettet. Sie ist gefahren wie James Bond."

ENDE

Eine dumme Geschichte

Der ‚Glatzkopf' hat tatsächlich etwas in der Hand. Aber es ist keine Pistole. Es ist ein Polizeiausweis. Der Mann heißt Josef Radler und ist Kriminalbeamter. Die zwei anderen sind auch Polizisten.

„Dann sind Sie also doch von der Polizei", sagt Martin.
Er hält immer noch Resis Hand, und beide fühlen sich sehr dumm.

„Wir haben Sie im Riesenrad gesehen", sagt Resi, „wir haben geglaubt, Sie wollten die Frau umbringen. Und dann im Restaurant ... wir wollten der Frau helfen."

„Aber ihr habt der falschen Person geholfen", sagt Josef Radler, „diese Frau ist eine Verbrecherin. Sie arbeitet mit einer Gangsterbande zusammen. Wir wollen gern diese Bande fangen. Und wir wollten, dass die Frau uns dabei hilft. Aber sie wollte nicht. Deshalb habe ich heute mit ihr gesprochen. Und jetzt ist sie weg. Ihr habt eine Polizeiaktion gestört."

„Sie ist in einem blauen Fiat Punto weggefahren", sagt Resi, „aber die Autonummer haben wir leider nicht gesehen."

„Na, wir werden sie schon finden", sagt Radler, „aber für euch sieht es nicht so gut aus."

„Warum nicht?", fragt Martin, „wir wollten ja nur helfen. Wir konnten doch nicht wissen ..."

---

tatsächlich wirklich
Polizeiausweis →
Verbrecherin kriminelle Frau

„Du hast einen Polizisten überfallen."
„Nein!", protestiert Martin.
„Doch", sagt Radler, „du hast mir ein Bein gestellt. Meinst du nicht, dass das schlimm ist?"
5   Martin sagt nichts.
„Wie alt bist du?", fragt Radler.
„15", sagt Martin.
Radler sieht seine beiden Kollegen an. Sie sagen nichts. Dann sagt er zu Martin:
10   „Hau ab. Geh' mit deiner Freundin nach Hause. Und versuch' nie wieder, eine Polizeiaktion zu verhindern."

ENDE

Deine Geschichte endet Seite 24

Aufgabe A
Wie viele Wörter kannst du aus dem Wort „Sehenswürdigkeiten" machen?
Z.B.: *sehen, kein, Tee usw.*

Aufgabe B
Erzähle Katharinas Geschichte. So kannst du anfangen:
Katharina ist 10 Jahre alt. Sie wohnt in Wien. Eines Tages geht sie…

DEINE GESCHICHTE ENDET SEITE 34

Aufgabe A
Welches Wort fehlt hier? Die Wörter stehen alle im Text.

In den Katakomben kann man alte G _ _ _ _ _ _ sehen.
Resi hat eine S _ _ _ _ _ gehört.
Resis G _ _ _ _ _ _ _ _ _ _ erzählt eine Geschichte.
Der M _ _ _ _ _ hat Katharina in den Katakomben versteckt.
Die P _ _ _ _ _ _ hat sie nicht gefunden.

Aufgabe B
Die Webseite von Gerngross heißt *www.gerngross.at*
Hier kannst du sehen, welche Abteilungen es im Warenhaus gibt. Du gehst jetzt in eine dieser Abteilungen und möchtest etwas kaufen.

Formuliere mit einem Partner einen Dialog, in dem einer der Kunde ist und der andere der Verkäufer.

Spielt den Dialog in der Klasse.

Deine Geschichte endet Seite 38

Aufgabe A
Bei Gerngross kauft Martin ein T-Shirt und
Resi einen Gürtel.
Wie viele andere Kleidungsstücke kennst du?
Stelle eine Liste von mindestens 10 Kleidungsstücken
zusammen.

Aufgabe B
Die Webseite des Praters heißt *www.prater.wien/info*
Hier kannst du sehen, welche Vergnügungen es im Prater
gibt. Was möchtest du am liebsten ausprobieren?
Schreibe so:

*Ich möchte gern mit der Megablitz Hochschaubahn fahren,
weil......*
Ich möchte gern den Crazy Motodrome aufsuchen, weil...

Schreibe im ganzen 10 Sätze.

Deine Geschichte endet Seite 44

Aufgabe A
Welche Wörter verstecken sich hier?
Die Wörter stehen alle im Text.

EGBUÄED   DROUTEN   CSKARKUC
MOBEB   TLAARPKZP

Aufgabe B
Mit wem telefoniert die Fremdenführerin auf Seite 31?

Schreibe das Telefongespräch und spiele es eventuell mit einem Partner.

So kann das Gespräch anfangen:
Fremdenführerin: Hallo, ich bin es. Alles ist in Ordnung. Ich stehe jetzt am Parkplatz.
Stimme am Telefon: O.K. Dann hör jetzt gut zu…

Deine Geschichte endet Seite 46

Aufgabe A
Welche Verben passen? Schreibe das richtige Verb in den richtigen Satz, aber pass auf: Ein Verb bleibt übrig.

gestiegen, gegessen, gekauft, angerufen, gemacht, gefahren

Resi und Martin haben einen Stadtbummel
_____.

Dann sind sie in die falsche U-Bahn
_____.

Resi ist allein nach Hause
_____.

Sie hat Martin mehrmals
_____.

Martin hat für Resi einen Blumenstrauß
_____.

Aufgabe B
Bevor Resis Vater wieder nach Hause fährt, ruft er die Mutter an. Sie ist natürlich nervös und stellt ihm viele Fragen, wie zum Beispiel:

Habt ihr Martin gefunden?
Ist er o.k.?
Ist er sehr böse auf Resi?
Wann kommt ihr nach Hause?

Schreibe das Telefongespräch und spiele es eventuell mit einem Partner.

DEINE GESCHICHTE ENDET SEITE 55

Aufgabe A
Welche Wörter verstecken sich hier?
Die Wörter stehen alle im Text.

NBOKAKTEMA   CRIKEH   NDARLKAI
UREEF   TARLA

Aufgabe B
Suche im Internet Informationen über Kardinal Innitzer.
Schreibe dann 10 Sätze über ihn.

Deine Geschichte endet Seite 59

Aufgabe A
Hier stimmt etwas nicht. Die Wörter sind falsch zusammengesetzt. Setze sie richtig zusammen.

Schließ – bahn
Riesen – ausweis
Polizei – fach
Kauf – rad
Hochschau – haus

Aufgabe B
Frau Ritter arbeitet mit einer Gangsterbande zusammen. Was hat die Gangsterbande gemacht?

Zeichne einen Comicstrip darüber, und vergiss die Sprechblasen nicht.

Deine Geschichte endet Seite 61

Aufgabe A
Welches Wort fehlt hier?
Die Wörter stehen alle im Text.

In der Hölle wohnt der T _ _ _ _ _.
Mit einem M _ _ _ _ _ _ _ kann man sehr laut sprechen.
Martin hat sich den Fuß V _ _ _ _ _ _ _ _ _.
Resi hat große Angst im I _ _ _ _ _ _ _ _.
Zum Schluss kommen sie zum A _ _ _ _ _ _.

Aufgabe B
Am Abend chattet Martin mit einem Freund und erzählt ihm, was er erlebt hat. Was schreibt Martin, und welche Fragen stellt sein Freund?

Deine Geschichte endet Seite 62

Aufgabe A
Das Gegenteil von schwarz ist weiß.
Was ist das Gegenteil von diesen Wörtern?
Sie stehen alle im Text.

schwarz >< _____weiß_____
klug >< _____
billig >< _____
früh >< _____
geschlossen >< _____
niedrig >< _____

Aufgabe B
Am nächsten Tag fahren Resi und Martin wieder nach Schönbrunn, und diesmal gehen sie in das Schloss.

Schreibe auf, was sie dort sehen. Du musst einen Text mit mindestens 25 Wörtern schreiben. Die Informationen findest du auf dieser Webseite: *www.schoenbrunn.at*

DEINE GESCHICHTE ENDET SEITE 64

Aufgabe A
Was sind die Leute? Die Wörter stehen alle im Text?

Eine Frau, die in eine andere Sprache übersetzt, ist
D _ _ _ _ _ _ _ _ _ _ _.
Leute, die für die Sicherheit sorgen, sind
S _ _ _ _ _ _ _ _ _ _ _ _ _.
Ein Mann, der bei einem Unfall die Verletzten behandelt,
ist N _ _ _ _ _ _.
Eine Frau, die Touristen herumführt, ist
F _ _ _ _ _ _ _ _ _ _ _ _.
Leute, die Bomben auf unschuldige Menschen werfen,
sind T _ _ _ _ _ _ _ _ _.

Aufgabe B
Am nächsten Tag wird die Mutter von einem Journalisten interviewt. Hier sind die Fragen des Journalisten. Schreibe das ganze Interview.

Frau Weinbauer, Sie haben gestern etwas ganz Interessantes erlebt. Darf ich Ihnen ein paar Fragen stellen?
Welchen Job haben Sie?
Was ist gestern in der UNO-City passiert?
Warum sind Sie dem roten BMW nachgefahren?
Waren Sie nervös?
Was ist zum Schluss passiert?
Wissen Sie, was in dem Rucksack war?
Wie geht es Ihnen jetzt?

DEINE GESCHICHTE ENDET SEITE 66

Aufgabe A
Was ist das? Die Wörter stehen alle im Text.

Es ist ein großes Kaufhaus in Wien:
G _ _ _ _ _ _ _ _.
Es ist ein Multimedia-Geschäft in diesem Kaufhaus:
S _ _ _ _ _.
Es ist ein schönes Schloss in Wien:
S _ _ _ _ _ _ _ _ _.
Es ist ein Vergnügungspark in Wien:
P _ _ _ _ _.
Es ist eine große Kirche in Wien:
S _ _ _ _ _ _ _ _ _ _.

Aufgabe B
Im Prater gibt es Dalli's Toasteria und das Himmelreich Restaurant. Aber es gibt auch viele andere Restaurants. Auf der Webseite *www.prater.wien/info* kannst du sie alle sehen.

Arbeite mit einem Partner zusammen. Sucht euch ein Restaurant aus und schreibt einen Dialog, in dem einer der Kellner und der andere der Gast ist.

Spielt den Dialog der Klasse vor.

Lösungen für A-Aufgaben

Deine Geschichte endet Seite 24:
sehen, ein, kein, nein, See, Tee, würde, würdig, gehen, Düne, Sünde (und noch viel mehr)

Deine Geschichte endet Seite 34:
GEBEINE, STIMME, GROSSMUTTER, MÖRDER, POLIZEI

Deine Geschichte endet Seite 38:
Hemd, Hose, Jacke, Bluse, Sweatshirt, Rock, Kleid, Jeans, Mantel, Mütze (und noch viel mehr)

Deine Geschichte endet Seite 44:
GEBÄUDE, ROTUNDE, RUCKSACK, BOMBE, PARKPLATZ

Deine Geschichte endet Seite 46:
gemacht, gestiegen, gefahren, angerufen, gekauft

Deine Geschichte endet Seite 50:
rot, gelb, blau, schwarz, weiß, orange, grün, grau, braun, pink

Deine Geschichte endet Seite 52:
Plastik-folie, Papier-korb, Mineral-wasser, Damen-toilette, Faust-schlag

Deine Geschichte endet Seite 55:
KATAKOMBEN, KIRCHE, KARDINAL, FEUER, ALTAR

Deine Geschichte endet Seite 59:
Schließ-fach, Riesen-rad, Polizei-ausweis, Kauf-haus, Hochschau-bahn

Deine Geschichte endet Seite 61:
TEUFEL, MEGAPHON, VERSTAUCHT, IRRGARTEN, AUSGANG

Deine Geschichte endet Seite 62:
schwarz-weiß, klug-dumm, billig-teuer, früh-spät, geschlossen-offen, niedrig-hoch

Deine Geschichte endet Seite 64:
DOLMETSCHERIN, SICHERHEITSLEUTE, NOTARZT, FREMDEN-FÜHRERIN, TERRORISTEN

Deine Geschichte endet Seite 66:
GERNGROSS, SATURN, SCHÖNBRUNN, PRATER, STEPHANSDOM